알기 쉬운 돈과 금융 이야기

금융이 궁금해

알기 쉬운 돈과 금융 이야기
금융이 궁금해

미케 셰퍼 글 | 마이케 퇴퍼빈 그림 | 이상희 옮김
초판 2쇄 발행일 2022년 9월 20일
펴낸이 김금순 펴낸곳 디엔비스토리 출판등록 제2013-000080호
주소 서울 광진구 천호대로 709-9 2층 전화 (02)716-0767 팩스 (02)716-0768
블로그 www.bananabook.co.kr 이메일 ibananabook@naver.com

Mein Geld, dein Geld. Von Mäusen, Kröten und Moneten
by Michael Schäfer, illustrated by Meike Töpperwien
© 2020 Beltz & Gelberg, in the publishing group Beltz-Weinheim Basel
Korean Translation © 2021 by Dnbstory Co. Bananabook
All rights reserved.
The Korean language edition published by arrangement with
Julius Beltz GmbH&Co. KG through MOMO Agency, Seoul.

이 책의 한국어판 저작권은 모모 에이전시를 통해 Julius Beltz GmbH&Co. KG사와의
독점 계약으로 디엔비스토리(도서출판 바나나북)에 있습니다.
신저작권법에 의하여 한국 내에서 보호를 받는 저작물이므로 무단 전재 및 복제를 금합니다.
KC마크는 이 제품이 공통 안전 기준에 적합하였음을 의미합니다.

ISBN 979-11-88064-22-9 74800

• 바나나북은 크레용하우스의 임프린트이며 디엔비스토리의 아동·청소년 브랜드입니다.

알기 쉬운 돈과 금융 이야기

금융이 궁금해

미케 셰퍼 글 · 마이케 퇴퍼빈 그림 · 이상희 옮김

| 차례 |

1장
1. 돈에 관해 곰곰이 생각해 본 적 있나요? 10
2. 돈은 어떻게 생겨났나요? 12
3. 돈은 어떤 좋은 점이 있나요? 14
4. 돈은 사람들의 신뢰가 필요해요 16
5. 통화란 무엇일까요? 18

2장
1. 용돈이란 무엇일까요? 20
2. 용돈을 받으면 뭘 할 수 있을까요? 22
3. 나한테는 돈이 얼마나 있을까요? 23
4. 가난하다는 것은 무엇일까요? 24
5. 누가 부자일까요? 25

3장
1. 은행 계좌란 무엇일까요? 26
2. 은행은 무슨 일을 하나요? 28
3. 용돈 기입장이란 무엇일까요? 30
4. 카드의 원리는 무엇일까요? 32
5. 돈은 어디에 쓸 수 있나요? 34
6. 어린이는 누구한테 용돈을 받나요? 36
7. 돈을 더 모으고 싶다면 어떻게 할까요? 37

4장
1. 거래란 무엇일까요? 38
2. 또 무엇을 거래할 수 있을까요? 40
3. 어떻게 하면 돈이 불어날까요? 42
4. 집에서는 어디에 돈을 쓸까요? 44

5장

1. 어른들은 왜 일할까요? 46
2. 엄마 아빠는 일해서 번 돈으로 무엇을 할까요? 48
3. 보험이란 무엇일까요? 50
4. 학교에 드는 비용은 누가 낼까요? 52
5. 세금의 역사를 알아볼까요? 53

6장

1. 돈을 빌리면 어떻게 될까요? 54
2. 이자란 무엇일까요? 56
3. 빚이란 무엇일까요? 58
4. 좋은 빚과 나쁜 빚이 있나요? 60
5. 신용 대출이란 무엇일까요? 62

7장

1. 기업은 어떻게 만들까요? 64
2. 주식이란 무엇일까요? 66
3. 주식은 어디서 사나요? 68
4. 어린이도 주식을 살 수 있나요? 70
5. 슬기롭게 돈을 투자하는 방법은 뭘까요? 72

8장

1. 돈이 다 떨어지면 어떻게 될까요? 74
2. 기업에 돈이 없으면 어떻게 될까요? 76
3. 파산을 막으려면 어떻게 할까요? 78
4. 국가가 빚을 못 갚으면 어떻게 될까요? 80
5. 돈 때문에 감옥에 갈 수도 있나요? 82
6. 이 세상에는 돈이 얼마나 많을까요? 84
7. 돈은 공평하지 않아요 86

똑똑한 정보

슬기롭게 돈을 쓰는 방법 87

1장

1. 돈에 관해 곰곰이 생각해 본 적 있나요?

알람이 울렸어요. 알람을 끄고 계속 잘 수 있다면 얼마나 좋을까요! 그런데 엄마가 벌써 아침 식사를 차렸어요. 어서 아침 식사를 하고 우유도 한 잔 마시고 욕실로 달려가 이도 닦아야 해요. 이제 학교에 갑니다. 학교가 끝나면 축구 교실이나 피아노 학원에 가야 해요.

이게 돈과 무슨 관계가 있냐고요? 여러분은 궁금할 거예요. 알람 시계, 베개, 물, 칫솔과 치약, 아침 식사, 학원 같은 것에는 전부 돈이 든답니다.

늘 돈이 많이 있어야 하는 건 아니지만 돈은 여러 곳에 필요하지요.

어른들뿐만 아니라 어린이들도 돈이 필요해요.

많은 어린이가 용돈을 받아요. 대부분 엄마 아빠한테 용돈을 받는데 때로는 할아버지나 할머니에게 받기도 해요.

돈에 관해서 알고 돈을 잘 관리하는 일은 정말 중요해요. 왜 그럴까요? 간단해요. 돈을 필요한 만큼 가지고 있어야 편안하기 때문이에요.

또 돈 때문에 어려움을 겪지 않기 위해서랍니다. 이 책에서는 돈에 관해 중요한 모든 것을 알려줄 거예요. 아는 것이 많을수록 여러분 스스로 돈을 잘 관리할 수 있겠죠?

머니, 대체 돈이 머니?

2. 돈은 어떻게 생겨났나요?

아주아주 오래전 사람들이 먹을 것을 찾아 사냥과 채집을 하던 시대에는 돈이 없었어요. 집을 가진 사람도 없어서 너도나도 떠돌이 생활을 했지요. 또 그날그날 구한 식량을 서로 나누어 먹었답니다.

그러다 마을에 자리를 잡고 살기 시작하면서 사람들은 곡식을 재배하고 가축을 기르고 도구를 만들었지요. 모든 걸 혼자 할 수는 없었기 때문에 사람들은 물물교환에 나섰어요.

농부는 수확한 곡식을 보관할 수 있는 그릇이 필요해 도공을 찾아갔어요. 또 먹을 게 필요했던 도공은 자신이 만든 그릇을 농부에게 주는 대신 곡식을 받았어요.

농부는 점점 자기 가족이 먹을 양보다도 더 많은 곡식을 심었지요. 그런데 문제가 생겼어요. 농부가 곡식을 담을 그릇이 필요하지 않으면 도공은 어떻게 곡식을 구할까요?

그래서 사람들은 자기가 가진 물건을 소고기, 소금, 곡식같이 모두에게 꼭 필요한 물건이나 고래 이빨, 향신료, 보석, 조개껍질과 같은 구하기 어려운 소중한 물건들과 교환하기 시작했어요.

그로부터 몇백 년이 지나고 오늘날 터키 북서부에 있었던 리디아 왕국에서 처음으로 금을 납작하게 펴서 그 위에 왕의 상징을 찍은 뒤 이것을 화폐로 사용하기 시작했어요.

바로 세계 최초의 동전이랍니다. 동전은 점차 주변 국가로 퍼져 나갔지요. 그런데 동전은 아주 무거웠어요. 동전을 많이 가진 사람은 끙끙대며 지니고 다녔지요. 그래서 종이 위에 값을 표시한 지폐가 생겨났답니다. 최초의 지폐는 중국에서 만들어졌어요. 지폐는 가볍고 무척 편리했지요. 지금은 동전이나 지폐보다 카드를 훨씬 많이 사용해요. 돈은 대부분 은행의 예금 계좌에 들어 있지요.

3. 돈은 어떤 좋은 점이 있나요?

돈이 왜 좋은지 알려 주세요.

첫째, 돈이 있으면 원하는 것을 살 수 있어요. 예를 들어 새로 나온 장난감이나 먹을 것, 자동차뿐만 아니라 비행기, 빌딩까지도 살 수 있어요. 그리고 일한 사람들에게 월급을 주기도 하지요.

둘째, 돈은 변하거나 썩지 않아 오래오래 쓸 수 있어요. 지폐가 두 쪽으로 찢어지더라도 찢어진 두 조각을 들고 은행에 가면 새 돈으로 바꿔 준답니다. 돈은 시간이 지나도 자신의 가치를 고스란히 유지하기 때문에 오래 가지고 있다가 나중에 사용할 수도 있어요. 다시 말해 1만 원짜리 지폐는 10년이 지나도 대략 1만 원의 가치를 지니지요.

그런데 왜 '대략'이라고 말할까요? 혹시 여러분도 많은 물건이 조금씩 비싸지는 걸 느끼지 않나요? 아이스크림 가격이 몇 년 전보다 올랐을 거예요. 레고 블록이나 장난감도 마찬가지랍니다. 10년 뒤에는 물가가 올라 1만 원으로 살 수 있는 물건이 지금보다 적어질 거예요.

1시간 일한 가치

10시간 일한 가치

셋째, 일반적으로 돈의 가치는 쉽게 사라지지 않아요. 그래서 돈은 어떤 물건이 얼마큼의 가치를 지녔는지 비교하는 기준이 되지요. 예를 들어 1시간 일하는 것이 아이스크림 열 개를 살 수 있는 돈이라면 10시간 일하는 것은 기타 1개를 살 수 있는 돈이라고 말할 수 있어요.

4. 돈은 사람들의 신뢰가 필요해요

　동전을 만드는 금속과 지폐의 재료가 되는 종이 자체는 별 가치가 없어요. 우리나라에서 1만 원짜리 지폐를 만들 때 드는 비용은 1만 원보다 훨씬 적어요. 지폐에 표시된 금액에 훨씬 못 미치지요.
　그런데도 1만 원짜리 지폐를 만들면 1만 원의 가치를 지닌 물건을 살 수 있어요.

아주 적은 비용으로 만 원짜리가 만들어진다고요?

　그것은 동전과 지폐가 일정한 가치를 지니도록 사람들이 서로 약속했기 때문이에요. 지폐에 5000이라는 숫자가 적혀 있으면 5천 원의 가치가 있는 거예요. 동전에 500이라고 적혀 있으면 5백 원의 가치가 있지요. 5만 원을 내고 사과 한 상자를 살 수 있는 건 사과를 파는 상인이 지폐 5만 원의 가치를 믿기 때문이에요.
　돈의 가치를 믿지 않으면 상인은 지폐를 받지 않겠지요. 오히려 사과 한 상자의 가치와 똑같다고 여기는 다른 물건을 달라고 할 거예요. 예를 들어 바나나 한 상자나 새로 나온 청바지를 말이에요.

다시 말해 동전이나 지폐가 적힌 숫자만큼의 가치를 지니는 건 사람들 모두가 동의하고 그 가치를 신뢰하기 때문이랍니다. 따라서 돈의 교환 가치에 대한 믿음을 지키는 일은 매우 중요해요. 돈을 위조한 범죄자들이 처벌을 받는 것도 그 때문이랍니다.

 동(베트남)

 포린트(헝가리)

 텡게(카자흐스탄)

5. 통화란 무엇일까요?

우리나라에서 쓰는 화폐 단위는 원(₩)이에요. 독일에서 쓰는 화폐 단위는 유로예요. 영국에서는 화폐 단위로 파운드를 쓰지요. 이처럼 나라마다 다른 화폐를 사용하는데 이를 통화라고 해요.

 파운드(영국)

전 세계에서 가장 잘 알려진 통화는 유로와 달러예요. 여러 나라에서 이 두 통화를 지불 수단으로 사용하지요.

예를 들어 유로만 있으면 독일, 스페인, 프랑스뿐 아니라 그 밖의 16개 유럽 국가에서 물건을 살 수 있어요. 이렇듯 똑같은 통화를 사용하는 나라들을 묶어 '통화 연합'이라 부르기도 하지요.

 바트(태국)

 프랑(스위스)

 콰차(잠비아)

 엔(일본)

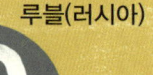 루블(러시아)

 크로네(덴마크)

 디르함(아랍에미리트)

 콜론(코스타리카)

 루피(인도)

마찬가지로 미국 말고도 10개가 넘는 나라에서 달러를 사용해요. 전 세계적으로는 160가지가 넘는 통화가 쓰이고 있답니다.

탄자니아에서는 실링, 남아프리카에서는 랜드, 일본에서는 엔, 베트남에서는 동, 태국에서는 바트를 써요. 페루에서는 솔, 칠레에서는 페소, 브라질에서는 헤알이 있어야 물건을 살 수 있답니다.

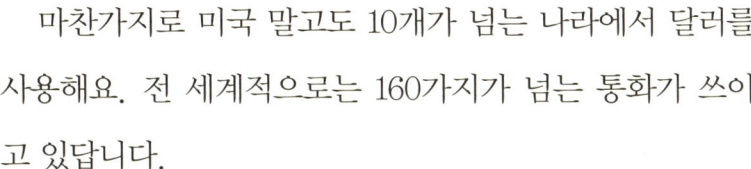

원(한국)
유로(유럽)
달러(미국)

1. 용돈이란 무엇일까요?

많은 어린이들은 자라면서 엄마 아빠에게 돈을 받아요. 이 돈을 용돈이라고 해요. 얼마나 자주, 얼마큼의 용돈을 받을지는 어린이들이 엄마 아빠와 어떻게 정하는지에 따라 달라요.

엄마 아빠가 용돈을 주면 물론 참 좋지요. 하지만 용돈을 달라고 떼쓸 권리는 없어요. 용돈을 줄 것인지 엄마 아빠에게 물어보는 건 괜찮아요. 용돈을 받으면 그 돈은 오롯이 여러분의 것이 되지요. 그 돈으로 무엇을 할지도 스스로 결정해요. 그래서 용돈을 받을 때는 책임이 따르게 된답니다.

엄마 아빠와 함께 미리 용돈에 관한 규칙을 세우면 좋아요. 예를 들면 늘 정해진 날짜에 용돈을 받도록 말이에요.

어떤 규칙을 세울지는 엄마 아빠와 함께 정해요. 또 그 내용을 기록해서 누구나 잊지 않고 지키면 좋겠지요.

용돈을 잃어버리거나 다 써 버렸다면 얼마 동안은 새로운 학용품도, 새로 나온 책도, 새로운 게임 카드도 살 수가 없어요.

그건 너무 많아!

넌 아직 9살이야.
내년에는 좀 더 많이 줄게!

목요일이 좋을 것 같은데!

나중엔 다달이 줄게!

좋았어!

2. 용돈을 받으면 뭘 할 수 있을까요?

용돈은 모아서 저축할 수 있어요. 저금통이나 통장에 용돈을 차곡차곡 모아 보세요. 돈이 점점 많아지는 걸 볼 수 있을 거예요. 저축이란 돈을 꼭 필요할 때만 쓰고 아껴서 모으는 것을 말해요.

용돈을 전부 써 버릴 수도 있어요. 장난감이든 책이든 뭐든지 살 수 있지요. 얼마큼의 돈을 쓸 수 있는지는 여러분이 얼마나 많은 돈을 가졌는지에 따라 다르니까요. 하지만 용돈을 받자마자 다 써 버린다면 다음 용돈을 받을 때까지 다른 것을 살 수 없어요.

용돈을 투자할 수도 있어요. 투자란 나중에 더 많은 돈을 얻기 위해 돈을 다른 곳에 넣는 것을 말해요. 하지만 투자해서 처음보다 적은 돈을 돌려받거나 돈을 몽땅 잃을 수도 있어요.

3. 나한테는 돈이 얼마나 있을까요?

내가 가진 돈으로 뭘 할지 고민하기 전에 할 일이 있어요. 지금 나한테 돈이 얼마나 있는지 아는 거예요. 동전과 지폐를 따로 정리한 뒤 세어 보세요.

물론 말처럼 간단하지 않을 수도 있어요. 호주머니나 지갑, 가방 등 이곳저곳에 돈이 들어 있을 수도 있으니까요.

어른들은 지금 가진 돈이 얼마인지 자주 계산하고 확인하지요. 언제 어떤 일이 벌어질지 모르기 때문이에요. 그러면 만약 세탁기가 고장 나더라도 세탁기를 새로 살 수 있는지 바로 알 수 있어요.

돈을 미리 계산하지 않으면 필요한 물건이 생겼을 때나 급하게 돈이 필요할 때 얼마큼의 돈을 쓸 수 있는지 모르지요. 여러분은 지금 돈이 얼마 있나요?

4. 가난하다는 것은 무엇일까요?

가난하다는 게 뭐냐고 묻는다면 딱 꼬집어 대답하기가 어려워요. 사람은 누구든지 먹을 것, 입을 옷, 살아갈 집, 건강한 몸을 가지고 싶은 '기본 욕구'가 있어요. 먹고 마실 것이 없으면 건강이 나빠지고 병이 들겠지요. 입을 옷이 없거나 살 집이 없어도 마찬가지예요. 다시 말해 이런 기본 욕구가 채워지지 않으면 가난하다고 말할 수 있어요.

그런데 시골집에 사는 것은 어떨까요? 우물에서 물을 떠 마시고, 밭에서 기른 채소를 먹고, 양털로 손수 옷을 지어 입는 것은 어떨까요? 이럴 때는 가난하다고 하지 않아요. 기본 욕구가 채워지고 있기 때문이지요. 그렇지만 돈은 별로 없을지 몰라요.

'경제협력개발기구(OECD)'에서 정한 빈곤 기준에 따르면 하루에 약 3,200원 미만의 돈을 가지고 살아가는 사람을 가난하다고 해요. 여러분이 먹는 피자, 떡볶이 한 그릇을 생각해 본다면 아주 적은 돈이지요. 이것이 바로 전 세계적으로 똑같이 가난하다고 통용되는 '절대 빈곤'이랍니다. '상대 빈곤'이란 것도 있어요. 한 나라 안에서 다른 사람들에 비해 소득이 낮은 상태로, 보통 평균 소득의 50%에 미치지 못하는 경우를 말해요.

5. 누가 부자일까요?

생일이나 크리스마스, 어린이날마다 인형을 선물로 받는 어린이가 있어요. 금세 침대가 인형들로 뒤덮이면서 예전에 받은 인형들은 구석으로 밀려나겠지요. 그 많은 인형을 한꺼번에 갖고 놀 수는 없으니까요. 밤이 되면 가장 아끼는 인형만 껴안고 잠들 거예요. 이 어린이는 부자라고 할 수 있어요. 필요한 것보다 훨씬 더 많은 인형을 갖고 있으니까요.

바꿔 말하면, 부자란 필요한 것보다 훨씬 많은 돈을 가진 사람을 말한답니다.

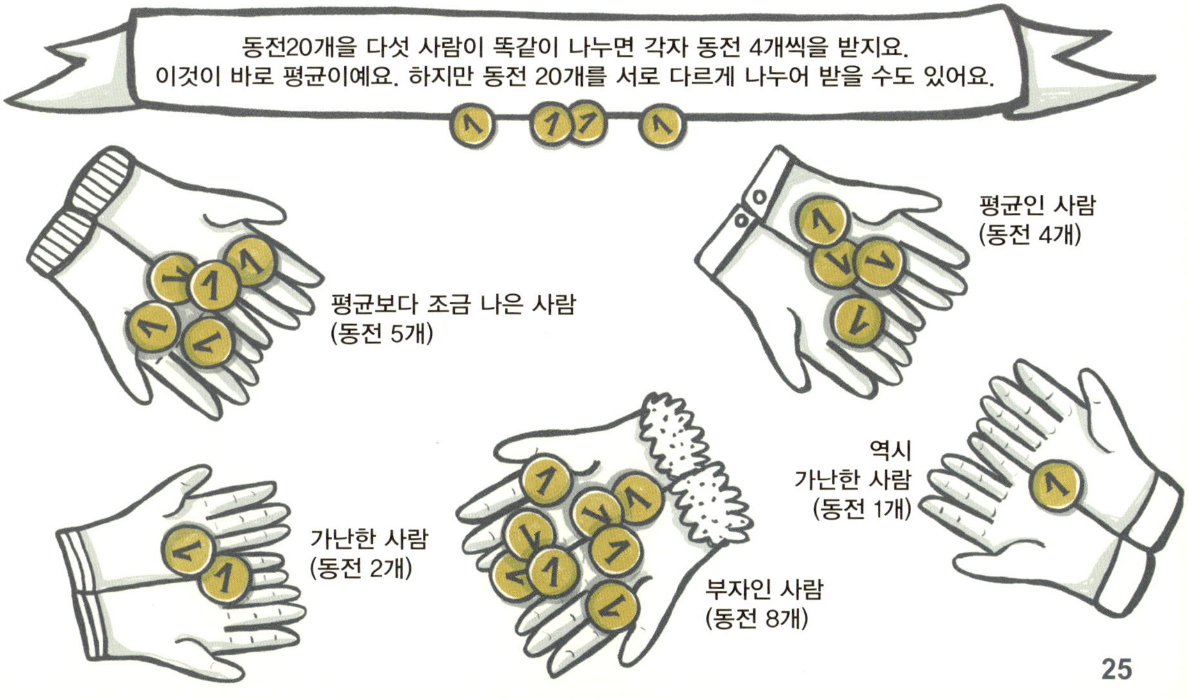

동전20개을 다섯 사람이 똑같이 나누면 각자 동전 4개씩을 받지요. 이것이 바로 평균이예요. 하지만 동전 20개를 서로 다르게 나누어 받을 수도 있어요.

평균인 사람
(동전 4개)

평균보다 조금 나은 사람
(동전 5개)

가난한 사람
(동전 2개)

부자인 사람
(동전 8개)

역시 가난한 사람
(동전 1개)

1. 은행 계좌란 무엇일까요?

돼지 저금통은 무려 13세기부터 있었지!

돈을 한 푼도 쓰지 않고 차곡차곡 돼지 저금통에 모으면 언젠가는 저금통이 꽉 차겠지요. 그때는 돈을 보관할 다른 곳을 찾아야 해요. 돼지 저금통을 하나 더 준비할 수도 있어요. 그런데 새 저금통도 꽉 차고, 그다음 것도, 또 그다음 것도 다 차 버린다면 어쩌지요?

이럴 때 영원히 차지 않는 돼지 저금통이 있다면 얼마나 좋을까요? 은행에 그런 저금통이 있답니다. 은행에서는 돼지 저금통이라고 부르지 않고 계좌라고 하지요. 계좌는 은행과 같은 금융 기관에 돈을 예금하기 위한 고유 계정이에요.

"오늘은 2백 원을 받아먹었어!"

"지금까지 12만 원을 먹었지."

　어린이는 엄마 아빠와 함께 은행에 가서 계좌를 만들 수 있어요. 계좌를 만들면 통장과 카드를 받아요. 통장과 카드에는 계좌에 돈이 얼마나 들어 있는지 기록·저장되지요.

　인터넷 뱅킹을 신청하면 인터넷을 이용해 통장의 잔금과 거래 내역을 확인할 수 있어요. 일일이 은행에 가지 않아도 되니까 아주 편리하지요.

　계좌가 있으면 언제든 계좌에 돈을 넣을 수가 있답니다. 카드가 있으면 현금 자동 입출금기(ATM)에서 돈을 넣고 찾을 수도 있어요.

　또한 용돈을 받을 때 계좌 이체로 돈을 받을 수도 있어요. 돈을 이체하면 돈을 직접 만지는 일 없이 다른 계좌로 돈을 보내고 받을 수 있답니다.

2. 은행은 무슨 일을 하나요?

은행은 왜 생겼을까요? 사람들이 늘 돈을 지니고 다니기 불편하고, 보관하기도 불안했기 때문이에요. 은행은 돈의 입금, 출금, 이체 같은 돈거래를 맡아 하는 곳이지요.

입금은 돈을 여러분의 은행 계좌에 넣는 것을 말해요. 출금은 입금했던 돈을 필요한 만큼 찾는 것을 말하지요. 이체란 여러분이 입금한 돈을 다른 사람의 은행 계좌로 보내는 거예요.

은행에서는 돈을 안전하게 보관해요. 계좌가 있는 고객들은 언제든 안심하며 자기 돈을 맡기고 찾아갈 수 있지요.

[입금 저축 인출 맡기]

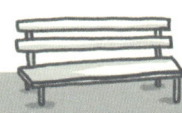

은행 BANK

은행은 고객이 맡긴 돈을 금고에 쌓아 놓지만은 않아요. 은행에서는 그 돈을 가지고 '일'을 하지요. 은행은 우리가 입금한 돈을 다른 사람이나 기업에 빌려주고 그 대가로 이자를 받아 돈을 벌어요.

이렇다 보니 돈은 가만히 있는 법이 없답니다. 예금, 출금, 이체, 대출 등 돈은 여기에서 저기로 쉼없이 움직이지요.

3. 용돈 기입장이란 무엇일까요?

용돈을 받는 어린이는 돈을 모으기 위해 돼지 저금통에 돈을 넣어 둬요. 돈이 얼마나 모였는지 궁금해지면 돼지 저금통을 쏟아 돈을 세어 보지요.

그런데 돈을 계속 모아서 돈이 불어나거나 돼지 저금통에 있는 돈을 꺼내 물건을 사면 먼저 세어 본 금액과 달라지지요. 돈을 모으거나 쓸 때마다 매번 귀찮게 돈을 세야 할까요? 이럴 때는 용돈 기입장을 사용해 봐요!

먼저 돼지 저금통에 들어 있는 돈을 세어 보아요. 그리고 용돈 기입장에 그 금액을 적어요.

1천 7백 원

이제부터 용돈을 받을 때마다 받은 돈을 적어서 더하고, 돈을 쓰면 그만큼을 빼서 적어요.

이렇게 용돈 기입장을 쓰면 돈을 어떻게 사용했고 얼마가 남았는지 정확히 계산할 수 있어요.

돼지 저금통을 쓰는 어른은 별로 없어요. 그보다는 은행 계좌를 이용하지요. 은행 계좌는 자동으로 내역이 기록돼요.

돈이 계좌로 들어오면 돈을 더해 기록하고 돈이 빠져나가면 빼서 기록하지요. 계좌 안에서 입출금 내역이 다 기록되어 편리하게 확인할 수 있어요.

계좌에 20만원 남았네.

4. 카드의 원리는 무엇일까요?

은행 계좌를 만들면 IC칩이나 마그네틱 선이 들어 있는 플라스틱 카드를 받지요. 이 카드를 체크 카드라고 해요. 조그마한 IC칩에는 은행 계좌에 돈이 얼마나 있는지 정보가 담겨 있어요. 슈퍼마켓이나 영화관, 가게에서 체크 카드로 계산하면 계좌에서 곧장 돈이 빠져나가고 IC칩에 기록되지요. 돈이 얼마큼 있고 돈을 얼마나 썼는지 용돈 기입장에 적어 두는 것과 비슷한 원리랍니다. 물건을 사고 카드로 계산하려면 은행 계좌에 돈이 들어 있어야 하지요.

계산할 때는 카드를 읽는 단말기에 카드를 꽂아야 해요. 그럼 이 단말기는 은행 계좌에 물건값만큼의 돈이 들어 있는지 확인해요. 아무 문제가 없어야 물건값을 치를 수 있지요. 이제는 카드를 갖다 대기만 해도 결제가 가능한 단말기가 널리 사용되고 있답니다.

칩은 정말 중요해

신용 카드의 원리는 체크 카드와는 달라요. 신용 카드로 물건 값을 계산하면 일정한 기간만큼 은행에서 돈을 빌리는 거랍니다. 달마다 일정한 날짜에 신용 카드로 쓴 돈을 갚아야 하지요. 신용 카드도 은행 계좌와 연결되어 있어서 결제일이 되면 그 계좌에서 돈이 빠져나가지요.

머지 않아 신용 카드가 옛날 일로 기억될지도 몰라요. 이제 휴대 전화로도 결제할 수 있거든요. 원리는 카드와 똑같아요. 휴대 전화에는 카드 대신 앱을 설치해요. 이 앱은 은행 계좌와 연결되어 있어서 휴대 전화를 단말기에 갖다 대면 계산이 이뤄지지요. 그럼 단말기가 문제가 없는지 확인한 뒤 결제를 한답니다.

5. 돈은 어디에 쓸 수 있나요?

옷, 장난감, 음식, 책과 같이 온갖 물건을 사는 데 돈을 쓸 수 있어요. 예를 들어 어떤 사람이 만든 물건을 돈을 내고 사면 자기 것이 되지요. 이제 그 물건을 가질지, 선물할지, 내다 버릴지 아니면 다시 팔지는 산 사람에게 달렸지요.

그런데 만질 수 없는 것을 살 때도 있어요. 피아노를 배울 때 피아노 선생님이 수업하는 시간과 노력에 대해 우리는 돈을 내지요. 이런 일을 가리켜 '서비스 활동'이라고 해요.

자전거 수리점에서 자전거를 고치거나 미용실에서 머리를 하거나 페인트공이 집을 칠하는 것도 모두 서비스 활동이랍니다.

빌리는 자동차

사는 물건!

이것 말고도 우리가 뭔가를 이용하고 싶은데 비싸거나 자주 사용하지 않아서 구입하기 어려울 때가 있어요.

강에 놀러 가서 오리 배를 타려는 가족이 있어요. 그 가족은 한 시간 동안 오리 배를 타며 재미있는 시간을 보내고 싶어 해요.

그렇다고 오리 배 한 척을 살 수는 없겠죠? 그래서 그 가족은 한 시간 동안 오리 배를 빌려 탄 뒤 반납하지요.

어른들은 여러 가지 물건을 빌려요. 집도 그중 하나예요. 살고 싶은 기간만큼 전세나 월세로 집을 빌린답니다. 자동차도 이처럼 빌리고 반납할 수 있어요.

서비스 활동!

6. 어린이는 누구한테 용돈을 받나요?

만약 여러분이 엄마 아빠에게 용돈을 받으면 엄마 아빠가 '수입원'이 되지요. '수입원'은 거두어들인 돈이라는 뜻의 '수입'과 근원이라는 뜻의 '원'이 합쳐진 말이랍니다. 즉 수입이 되는 원천을 뜻하지요. 용돈을 받는 어린이에게는 용돈이 수입이 되고, 엄마 아빠가 용돈이 생기는 근원인 셈이지요.

이 밖에 할머니, 할아버지나 친척들이 생일날이나 명절에 용돈을 주지요. 가끔은 오랜만에 만난 이웃 어른이 용돈을 주기도 해요. 시험을 잘 보거나 어떤 목표를 달성했을 때 엄마 아빠가 용돈을 더 주기도 하지요.

시험 성적이 5점이나 올랐는데 용돈 주세요!

7. 돈을 더 모으고 싶다면 어떻게 할까요?

여러분이 용돈을 모아 5천 원을 저축했다고 가정해 봐요. 그런데 1만 원짜리 물건을 사고 싶어요. 모자란 돈은 어디서 구할까요? 1만 원을 모을 때까지 기다리며 용돈을 저축하는 방법이 있어요. 하지만 얼마큼 용돈을 받는지에 따라 시간이 오래 걸릴 수도 있어요.

용돈을 벌 수 있는 방법을 몇 가지 소개할께요.

하나는 벼룩시장에 물건을 팔아 돈을 버는 거예요. 이제는 쓸모가 없어진 책이나 인형 같은 것도 좋아요. 벼룩시장에는 쓰지 않는 물건을 내다 파는 사람들로 가득하지요. 여러분이 내놓은 인형을 누군가 구입할 거예요. 아니면 남들이 꺼리는 일을 대신하는 건 어떨까요?

예를 들어 이웃집의 쓰레기를 분리수거해 주거나 휴가를 떠난 이웃의 반려동물을 돌보아 주어도 좋아요. 그 대가로 여러분은 용돈을 받을 수 있어요. 용돈을 버는 방법은 아주 많아요. 여러분은 어떤 방법이 떠오르나요?

1. 거래란 무엇일까요?

거래란 두 사람이 뭔가를 주고받는 걸 말해요. 꼭 돈이 아니어도 말이에요. 학교 운동장에서 게임 카드를 맞바꾸는 것도 거래랍니다. 이때는 두 가지 질문을 던져야 해요.

나는 뭘 갖고 싶지? 이때 중요한 건 수집한 게임 카드 가운데 어떤 카드가 없는지, 내가 어떤 카드를 받아야 유리한지 따져 보는 거예요.

나는 그 대가로 뭘 주지? 받을 카드가 내게 얼마큼의 가치가 있는지, 또 그 대가로 내 카드 가운데 어떤 걸 포기할지 생각해야 해요.

교환

최고로 멋진 원격 조종 로봇을 재미있는 동화책 『준수의 딸꾹질』과 교환해요!

　이제 중요한 건 거래할 상대를 찾는 일이에요. 내가 팔고 싶은 게임 카드를 가져가고 내가 원하는 게임 카드를 주려는 친구가 있어야 하지요. 그래야 거래가 이루어진답니다.

　벼룩시장에 가면 옷, 장난감, 책 같은 물건을 쉽고 빠르게 거래할 수 있어요. 그러려면 어른들과 함께 큰 벼룩시장에 가서 물건을 팔면 되지요.

　인터넷에도 중고 시장이 있어요. 사람들은 저마다 팔 물건과 원하는 가격을 올리지요. 수집품을 파는 시장이 있는가 하면, 서비스를 제공하거나 쓰지 않는 중고품을 파는 시장도 있어요. 사람들은 필요한 것을 둘러보고 구매하지요.

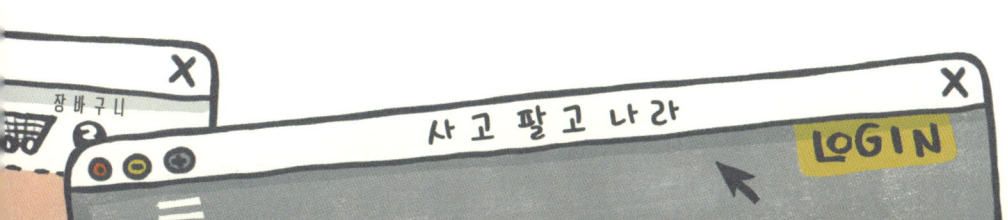

2. 또 무엇을 거래할 수 있을까요?

　서비스 활동을 거래하는 사람들도 있어요. 일정한 시간 동안 자기 노동력을 제공하고 돈을 받지요.
　미용사는 손님이 찾아오면 원하는 대로 머리를 잘라 줘요. 집에서 직접 머리를 자르는 것보다 훨씬 예쁘지요. 미용사는 손님에게 미용실 자리와 자기 시간, 기술과 노동력을 제공하고 손님은 그에 대해 돈을 지불해요. 수영 선생님이나 피아노 선생님도 마찬가지랍니다.

그런데 주인이 따로 있는 미용실에서 일하는 미용사도 있어요. 미용실 주인은 사장이고 미용사는 직원이지요. 이때 미용사가 손님에게 받는 돈은 모두 사장에게 돌아가요. 사장은 그 돈에서 일부를 미용사에게 주지요. 주인이 미용사라면 수입을 전부 자신이 가져요.

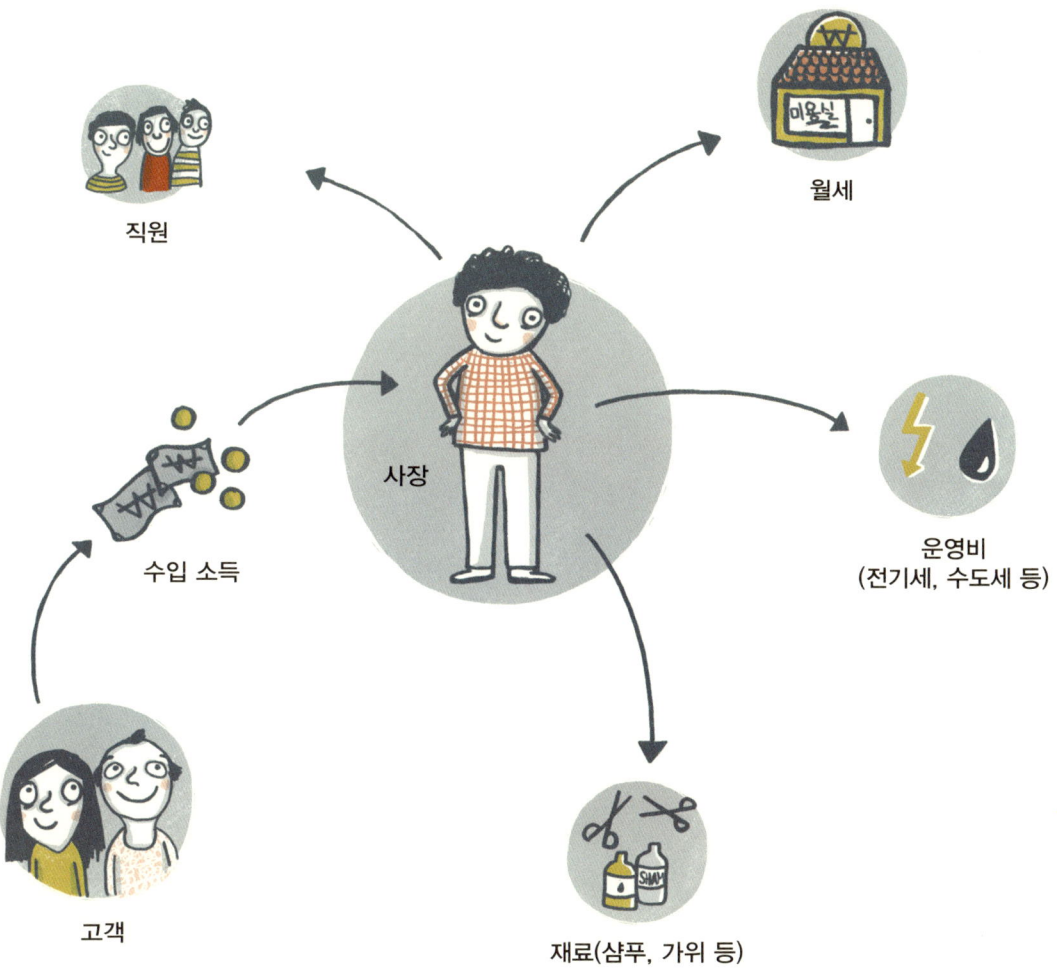

3. 어떻게 하면 돈이 불어날까요?

돈을 쓰지 않고 계속 모으면 돈이 쌓입니다. 그런데 그 돈을 투자해서 불릴 수도 있어요. 투자란 이익을 얻기 위해 무언가에 시간과 돈 그리고 정성을 쏟는 것을 말해요.

여러분은 맛있는 라즈베리가 먹고 싶었어요. 그런데 슈퍼마켓의 라즈베리는 다 팔리고 없어요. 그러다 작은 라즈베리나무가 눈에 띄었어요. 그 나무는 아직 너무 작아요.

작은 라즈베리나무가 맛 좋은 열매를 맺도록 큰 나무로 자라게 하려면 시간과 정성을 쏟아야 하지요.

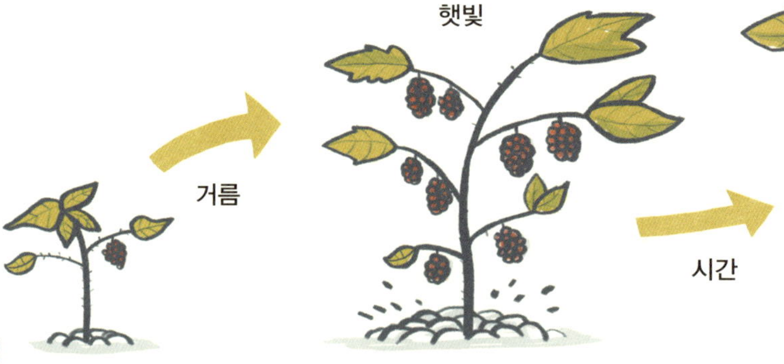

여러분이 곧바로 할 일은 나무가 가장 잘 자랄 수 있는 곳을 알아보는 거예요. 라즈베리나무를 심고 물도 주고 잡초도 뽑고 햇빛도 잘 드는지 살펴요. 이런 일은 하루아침에 끝나지 않지요.

시간이 꽤 지나면 비로소 나무가 크게 자라고 라즈베리가 영글게 되지요. 다시 말해 여러분은 달콤새콤한 라즈베리를 맛보려고 많은 시간을 투자한 거랍니다.

어른들은 돈을 불리기 위해 다양한 곳에 투자해요. 예를 들어 돈을 집에 투자하기도 해요. 집을 사서 열심히 꾸미고, 그 집을 남에게 빌려줘요. 그 집을 빌린 사람들은 매달 월세라고 부르는 일정한 금액을 내지요. 집에 투자해서 돈을 버는 거예요.

4. 집에서는 어디에 돈을 쓸까요?

'가구'는 실제로 함께 살며 생계를 같이 하는 사람들을 일컬어요. 한집에 모여 사는 사람들은 하나의 가구를 이루지요. 또 한집에 한 사람만 사는 1인 가구도 있답니다. 가구의 형태는 아주 다양하지요.

한 가구에서는 지금 갖고 있는 돈이 어느 정도인지, 얼마큼의 돈을 쓸 수 있는지 잘 살펴야 해요. 여기저기 돈을 쓰다 보면 어디에 얼마나 썼는지 헷갈릴 수 있기 때문이지요.

돈이 가장 많이 드는 건 집세랍니다. 집을 사거나 빌리는 데 내는 돈이지요. 또 생활하면서 드는 식비, 물과 전기를 쓰고 내는 세금과 전화나 인터넷 요금, 교통비, 교육비 등도 발생하지요. 집에서 쓰는 돈은 생각보다 많답니다.

어떤 달에는 돈을 쓸 데가 늘어나기도 해요. 새 바지나 셔츠, 신발, 또는 새로운 전자 제품을 사야 할 때도 있고 휴가를 갈 때도 있거든요.

5장

1. 어른들은 왜 일할까요?

어른들은 생활비와 집세 등을 내느라 돈을 많이 써요. 그런 돈은 다 어디서 나올까요?

어른들은 일해서 돈을 벌어요. 일한 대가로 받는 돈을 임금이라고 하지요. 어떤 일을 하고, 돈을 얼마나 버는지는 각자 달라요. 고등학교 때부터 직업 교육을 받은 사람은 일찍부터 돈을 벌어요. 또 누구는 선생님이나 의사가 되려고 대학교에 입학해 공부하지요.

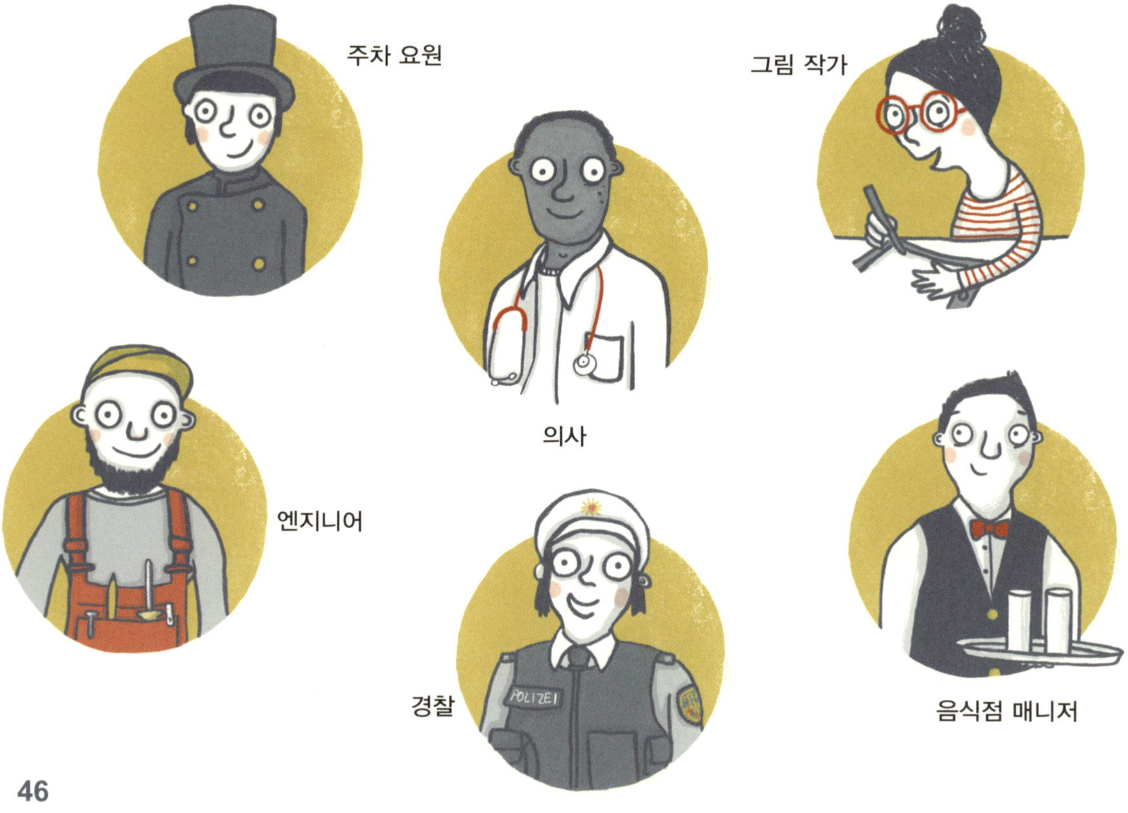
주차 요원
그림 작가
의사
엔지니어
경찰
POLIZEI
음식점 매니저

우리나라에서는 어떤일을 얼마큼하던지 상관없이 누구나 시간당 최저 임금 이상을 받아요. 최저 임금은 1988년에 처음 생겼는데, 그 뒤로 해마다 금액이 인상되었답니다.

최저 임금 기준
대한민국에서 일을 하면 누구나 시간당 이만큼의 돈을 받아야 해요.

최저 임금보다 훨씬 더 많은 돈을 버는 사람도 있어요. 모두가 일한 만큼 제대로 돈을 받는다면 얼마나 좋을까요? 사회에 꼭 필요한 일을 하고도 돈을 적게 버는 사람들이 있어요. 이런 상황을 개선해 누구나 공정하게 임금을 받을 수 있도록 많은 사람들이 노력 중이랍니다.

2. 엄마 아빠는 일해서 번 돈으로 무엇을 할까요?

어린이는 용돈을 받으면 모조리 돼지 저금통에 넣을 수 있어요. 하지만 어른들은 일한 대가로 받은 임금을 모두 모을 수 없답니다. 집세와 생활비 등 꾸준히 돈이 나가니까요. 어른들이 내야 할 돈은 또 있지요.

바로 세금과 보험료예요.

세금을 왜 내야 하는지 쉽게 설명해 볼게요.

여러분이 매달 5만 원씩 용돈을 받는다고 가정해 봐요. 용돈에서 4만 원을 저금통에 넣어요. 나머지 1만 원은 가족 저금통으로 넣고요. 다른 가족들도 마찬가지예요.

그렇게 하면 가족 저금통에 돈이 모여요. 가족 저금통의 돈으로는 가족 모두에게 꼭 필요한 물건을 사요.

이를테면 자동차 타이어에 바람이 빠져 자동차를 탈 수 없게 되었을 때 타이어를 고치려면 돈이 들지요. 자동차는 가족들이 다 함께 타므로 고장 난 타이어를 가족 저금통의 돈으로 수리해요.

자동차 대신 자전거를 타자고 가족끼리 결정할 수도 있어요. 건강에도 좋고 환경도 보호할 수 있으니까요. 그러면 가족 저금통에 든 돈으로 자전거를 사야겠죠?

어른들이 내는 세금은 가족 저금통 같은 거랍니다. 어른들이 임금을 받으면 임금의 일부는 세금으로 들어가지요.

세금은 국민이라면 모두 국가에 꼭 내야 해요. 세금으로 모인 돈은 모두에게 꼭 필요하고 유익한 일에 쓰인답니다. 예를 들어 병원, 도로, 학교를 짓는 데 쓰이거나 공무원과 선생님의 임금을 지급하는 데도 사용되지요.

3. 보험이란 무엇일까요?

엄마 아빠가 임금을 받으면 임금의 일부를 보험료로 내지요. 따로 어린이 보험에 가입되어 있는 어린이도 있지만 기본적으로 엄마 아빠의 국민 건강 보험에 함께 들어 있어요.

보험이란 무엇일까요? 보험은 재해나 각종 사고에 대비해 일정한 돈을 매달 적립해 두었다가 사고가 발생하면 일정 금액을 받아 손해

모두가 커다란 단지에
돈을 넣어요.

를 보상할 수 있는 제도예요.

예를 들어 보험에 든 사람은 병원에 갈 일이 생길 때면 건강 보험을 이용해 의료비를 적게 내지요.

이 밖에도 여러 가지 보험이 있어요. 대부분 직접 골라 가입할 수 있지만 몇 가지는 꼭 들어야 해요. 국가에서 운영하는 4대 보험인 건강 보험(요양 보험 포함), 국민연금, 산업 재해 보험, 고용 보험이 그렇답니다. 위급한 상황이 생겼을 때 자기 자신과 가족이 보험으로 도움을 받을 수 있어요.

국민연금에 들면 나이가 들어 일하지 못해도 돈을 받아요. 일을 하며 일정 기간 국민연금을 내면 노후에 다달이 연금이 나와요. 연금 액수는 일하며 소득에 맞춰 낸 보험료에 따라 결정되지요.

고용 보험은 실업 상태에 빠진 사람을 보호해 주지요. 직장이 없어 돈을 벌지 못할 때 실업 상태에 있다고 말해요. 고용 보험은 다시 직장을 구할 때까지 재취업과 생활에 필요한 자금을 지원해요.

요양 보험에서는 돌봄 서비스에 드는 비용을 내주지요. 몸이 불편해 빨래와 장보기, 식사 등을 할 때 도움이 필요한 65세 이상의 노인들을 위해 돌봄 서비스를 받는 비용을 제공해요.

건강보험이 있어 다행이야!

그러니까 누구나 세금을 내야 한단 말이지?

4. 학교에 드는 비용은 누가 낼까요?

우리나라에서 살거나 일하거나 물건을 사는 사람은 모두가 세금을 내요. 어린이들도 마찬가지예요. 여러분이 1만 원짜리 물건을 사면 그 돈의 10%인 1천 원은 세금으로 들어가지요. 이를 부가 가치세라고 부르는데, 물건을 살 때마다 부가 가치세를 내고 있는 거랍니다.

이렇게 거둬들인 돈으로 국가에서는 국민들에게 꼭 필요한 것들을 마련하지요. 예를 들어 도로, 학교, 국립 유치원, 공원 같은 것들을 지어요.

어린이들이 주로 물건을 살 때 세금을 낸다면, 어른들은 직장에 다니면서 세금을 내지요.

어떤 세금은 임금에서 바로 빠져나가요. 근로 소득세가 그렇답니다. 근로 소득세는 임금의 액수에 따라 정해져요. 임금이 많으면 그만큼 근로 소득세도 많아지지요.

맞아! 그래야 나라가 제대로 돌아가지!

5. 세금의 역사를 알아볼까요?

　세금은 5000년 전에도 있었어요. 당시에는 공물, 통행세 같은 이름으로 불렸지요. 이름은 달랐지만 많은 백성에게 돈을 거두어 도로를 깔고 성을 쌓고 병사를 거느린다는 기본 생각은 같았지요. 약 2300년 전 고대 로마에서는 '인두세'라고 해서 로마에 사는 주민은 누구나 똑같은 금액의 세금을 내야 했지요. 인두세가 낮으면 도로와 성을 짓기에 돈이 모자랐어요. 거꾸로 인두세가 높으면 가난한 이들은 세금을 내지 못해 처벌을 받았답니다. 그래서 오늘날 세금을 부과할 때는 다음과 같은 네 가지 원칙에 적합해야 하지요.

세금은 공평해야 한다.
　적게 버는 사람은 세금을 적게 내고 많이 버는 사람은 세금을 많이 낸다.
세금은 내는 사람이 편리하도록 해야 한다.
　우리가 사는 물건에 포함된 부가 가치세가 이렇지요.
세금을 거둬들이는 비용은 최소로 발생해야 한다.
　국가는 가능한 경제적으로 세금을 거둬들여야 해요. 세금을 거둬들이는 비용이 세금보다 크다면 아무 의미가 없겠지요.
세금을 언제 부과하고 얼마나 낼지 확실히 밝혀야 한다.

1. 돈을 빌리면 어떻게 될까요?

친구들이 갑자기 아이스크림을 사 먹자고 해요. 그런데 여러분은 집에 돈을 두고 왔어요. 그럼 여러분은 친구에게 돈을 빌려 아이스크림을 사 먹을 거예요.

돈을 빌렸다면 당연히 갚아야겠지요. 아이스크림 때문에 돈을 조금 빌렸다면 다음에 만날 때 모두 갚을 확률이 높아요. 하지만 훨씬 더 많은 돈을 빌렸다면 갚는 데 몇 년이 걸릴 수도 있어요. 예를 들어 집값은 아주 비싸서 대부분 집을 살 때는 은행에서 돈을 빌리지요. 은행에서 돈을 빌리는 것을 '대출'이라고 해요. 대출에 대해서는 뒤에서 더 자세히 알아봐요.

이렇게 은행에서 돈을 빌려 집을 사고, 빌린 돈은 오랜 시간에 걸쳐 다달이 은행에 갚지요. 돈을 갚는 기간은 금액에 따라 다르지만 몇 십 년이 걸리기도 해요.

17년 만에 드디어 집 대출금을 다 갚았어. 축배를 들자고!

은행에서 돈을 빌릴 때는 그 대가로 이자를 내야 한답니다.

친구나 가족한테 돈을 빌리면 대부분 빌려준 돈만 받으려고 하기 때문에 이자를 내지 않을 때도 있어요. 하지만 친구나 가족에게 돈을 빌리거나 빌려줄 때도 언제 돈을 갚을지 서로 정확하게 약속하는 게 좋아요. 은행에서 빌렸을 때처럼요.

2. 이자란 무엇일까요?

은행에서는 공짜로 돈을 빌려주지 않아요. 빌렸던 것보다 더 많은 돈을 갚아야 하지요. 갚을 때 더 내는 돈을 '이자'라고 해요. 은행은 이자로 돈을 벌어요. 은행에서 100만 원을 빌리면 은행은 100만 원에 이자를 더해 돌려받는답니다.

은행에서는 돈을 빌려주기 전에 이 사람에게 돈을 갚을 능력이 있는지 확인해요. 돈을 갚을 능력이 없다고 판단되면 돈을 빌려주지 않아요. 은행에 돈을 빌릴 때는 얼마나 많은 돈을 빌리는지 또 얼마나 많은 돈을 가지고 있고 매달 얼마나 많은 돈을 꾸준히 버는지가 중요해요.

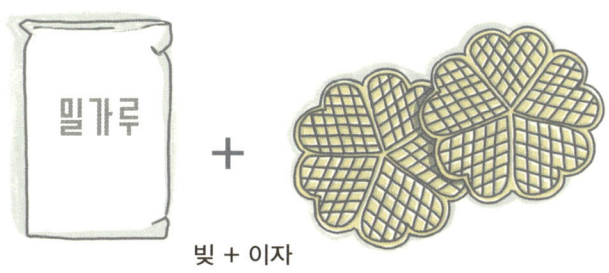

빚 + 이자

거꾸로 은행 계좌에 돈이 들어 있다면 은행에서 이자를 받기도 해요. 은행에 돈을 예금하면 은행은 이 돈으로 여러 가지 일을 하지요. 예금 기간이 길수록 이자를 더 많이 받아요. 예를 들어 앞으로 5년 동안 돈을 찾지 않고 맡길 고객은 언제든 돈을 찾아갈 수 있는 고객보다 이자를 더 받지요.

은행이 아무 때나 돈을 찾을 수 있는 고객을 덜 반기는 데는 그럴 만한 이유가 있어요. 고객이 맡긴 돈으로 뭘 할지 계획을 세우기가 힘들기 때문이에요. 아주 드물게 돈을 보관해 주는 대가로 은행에 비용을 내야 할 때도 있지요.

3. 빚이란 무엇일까요?

큰돈을 빌려 오랜 기간에 걸쳐 갚아 나가야 할 때는 한 달에 얼마큼 돈이 들어오고 나가는지 잘 계산해야 해요.

자동차를 사지 않고 빌려 타면서 다달이 돈을 낼 때도 그렇지요. 또 집을 빌려 매달 집세를 내거나, 우유를 정기적으로 배달시킬 때도 마찬가지예요. 이 같은 경우에는 정해진 날마다 돈을 내야 하지요. 만약 휴가를 가느라 집을 비우더라도 말이에요.

갚아야 할 돈을 '빚'이라고 불러요. 어른들은 '채무'라는 말을 쓰기도 해요. 채무에는 두 가지 뜻이 있어요. 하나는 무언

가를 빌려준 사람과 어떻게 갚을지 맺은 약속이라는 뜻이고, 또 하나는 정기적으로 돈을 갚을 의무를 지게 되었다는 뜻이에요. 그래서 돈을 빌리기에 앞서 빚을 갚을 수 있는지 꼭 생각해 봐야 한답니다.

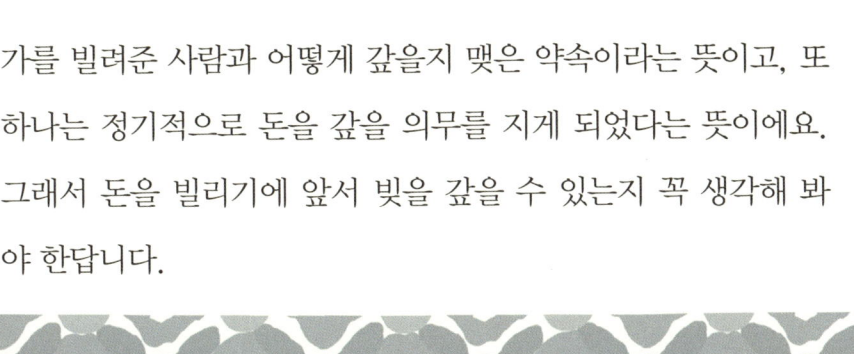

정기 배송시킨 채소 상자가 왔구나.

이제 헬스클럽에 갔다 올게!

그런데 넌 뭘 기다리고 있니?

정기 구독하는 고양이 잡지요.

4. 좋은 빚과 나쁜 빚이 있나요?

돈이 모자랄 때 우리는 그동안 저축한 돈을 쓰거나 빚을 집니다. 여러분 같은 어린이라면 엄마 아빠나 할머니 할아버지에게 도움을 받기도 하지요.

어른들은 돈을 빌릴 때가 많아요. 더 큰 텔레비전을 갖고 싶지만 미처 돈을 모아 두지 못했을 때 텔레비전을 할부로 구매한 뒤에 여러 번에 나눠 돈을 갚아 나가기도 하지요. 텔레비전 값을 모두 갚을 때까지 다달이 조금씩 돈을 내는 거랍니다. 할부 기간은 선택할 수 있어요.

하지만 이런 충동적인 소비를 위한 빚은 신중하게 결정해야 해요. 꾸준히 돈이 나가기 때문이에요. 또한 무이자가 아닌 경우 할부 이자를 내야 하지요.

이와 달리 빚을 이용해서 더 많은 돈을 버는 방법도 있어요. 어른들이 대출을 받아 집을 사고 나서 그 집을 다른 사람에게 세줄 때가 그렇지요. 집을 사려면 돈이 아주 많이 필요해요.

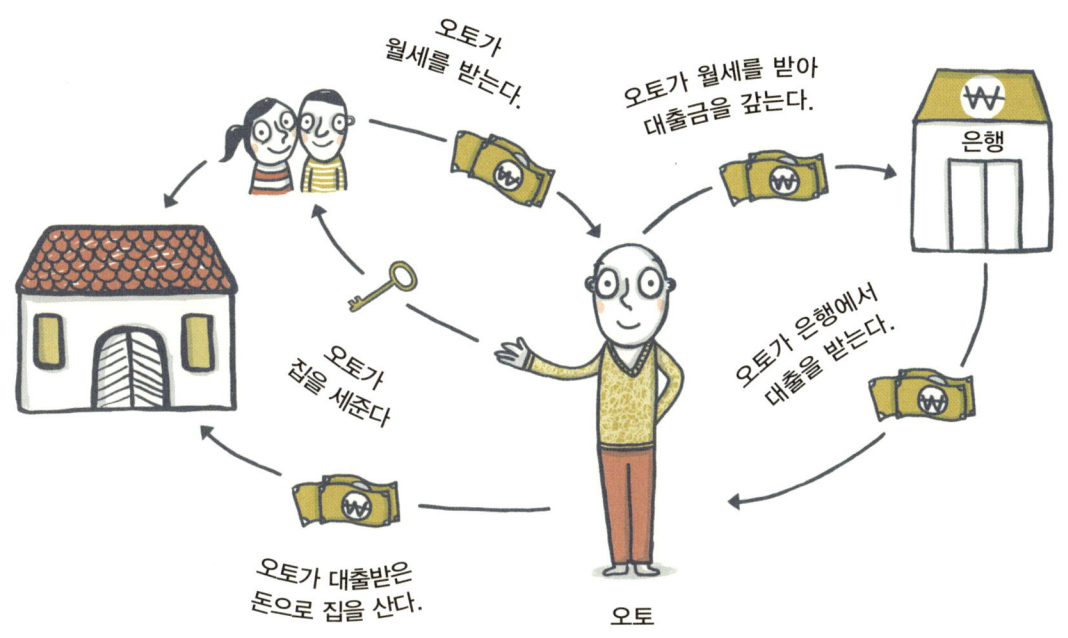

그래서 부족한 돈은 은행에서 빌리지요. 나중에 은행에는 이자까지 더해 빚을 갚아야 해요.

이때 집을 다른 사람에게 빌려주고 돈을 벌 수 있어요. 다달이 받는 집세가 은행에 갚을 이자보다 많다면 돈이 남아 이익을 얻게 되지요.

이럴 때는 빚을 지는 게 더 나을 수도 있어요. 시간이 갈수록 돈이 불어나기 때문이지요.

5. 신용 대출이란 무엇일까요?

　은행에서는 만 20세가 넘고 돈을 갚을 능력이 있다면 누구에게나 돈을 빌려줘요. 이렇게 신용만 보고 해주는 대출을 '신용 대출'이라고 불러요. 돈을 빌려주고 일정한 기간 동안 대출금에 이자를 덧붙여 받지요. '신용'이란 말은 라틴어 'credere'에서 온 것인데 '무엇을 믿는다'는 뜻이에요. 은행에서는 돈을 빌려 갈 사람이 돈을 갚을 수 있는지 확실히 믿을 수 있을 때만 돈을 빌려주지요. 은행에서는 세 가지 점을 중요하게 살펴요.

첫째! 빌리는 돈이 적을수록 대출을 받기 쉬워요.

둘째! 재산이 많을수록 대출을 받기 쉬워요.

셋째! 돈을 많이 벌수록 대출을 받기 쉬워요.

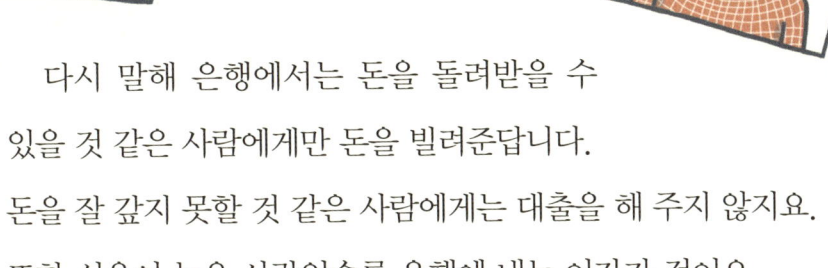

다시 말해 은행에서는 돈을 돌려받을 수 있을 것 같은 사람에게만 돈을 빌려준답니다. 돈을 잘 갚지 못할 것 같은 사람에게는 대출을 해 주지 않지요. 또한 신용이 높은 사람일수록 은행에 내는 이자가 적어요.

기업도 은행에서 돈을 빌릴 수가 있어요. 기업도 개인과 똑같이 빚을 갚을 능력이 있다는 것을 증명해야 하지요.

1. 기업은 어떻게 만들까요?

    어느 무더운 여름날, 제니는 신선한 레모네이드를 집 앞에서 팔기로 했어요. 슈퍼마켓에서 레몬을 사서 레모네이드를 만든 뒤 집 앞에 펼쳐 놓았지요. 그러자 사람들이 레모네이드를 사 먹으려고 줄을 섰어요. 제니는 돈을 차곡차곡 모으기 시작했어요. 이 레모네이드 가게는 제니가 차린 기업인 셈이에요.

    다음 날 사람들이 더 많이 찾아왔어요. 레모네이드가 맛있다는 소문을 듣고 한번 마셔 보고 싶었기 때문이에요. 레모네이드는 한 시간 만에 동이 났어요. 그러자 제니는 친구인 태오에게 같이 일하겠냐고 물어봤어요. 태오가 레모네이드를 팔면 제니는 부엌에서 더 많은 레모네이드를 준비할 수 있으니까요. 태오는 레모네이드를 파는 대가로 정해진 임금을 받기로 했어요.

태오는 레모네이드를 파는 일만 맡지 않고 함께 회사를 이끌어 가고 싶었어요. 게다가 더 많은 이익을 남길 좋은 아이디어를 생각해 냈어요. 오렌지에이드를 만드는 비법을 알고 있었던 거예요. 태오가 오렌지에이드를 만들면 레모네이드와 오렌지에이드를 모두 팔 수 있겠지요. 제니는 그 생각이 썩 마음에 들었어요. 이제 제니와 태오는 에이드 가게, 다시 말해 기업의 주인이랍니다.

오렌지에이드는 아주 인기가 좋았어요. 맛있는 에이드를 맛보려고 일부러 멀리서 찾아올 정도였지요. 그래서 제니와 태오는 다른 곳에도 에이드 가게를 열기로 했어요. 그러려면 더 많은 진열대 그리고 오렌지와 레몬이 필요했어요. 또 다른 직원도 구해야 했지요. 두 사람은 가진 것보다 훨씬 많은 돈이 필요했어요. 제니와 태오는 엄마 아빠에게 돈을 빌려 달라고 말했어요. 돈을 빌려준 엄마 아빠는 기업의 출자자가 되어 제니와 태오가 버는 돈을 나누어 받게 되지요.

2. 주식이란 무엇일까요?

　시간이 지나 제니와 태오는 에이드 가게를 여러 곳에 열고 싶어졌어요. 엄마 아빠가 준 돈으로도 진열대와 재료를 마련하긴 부족했어요. 다른 방법을 써야 했지요. 제니와 태오는 기업의 절반만 자신들이 갖고 나머지 절반은 팔기로 마음먹었어요.

　이제 다른 사람들도 에이드 가게의 일부분을 살 수 있게 된 거예요. 그럼 기업의 작은 부분이 그 사람의 몫이 되지요. 그 대가로 받는 것은 레몬을 짜는 기계나 오렌지가 아니라 '주식'이랍니다. 주식을 산 사람은 주식의 주인이라는 뜻으로 '주주'가 되지요.

에이드 주식회사 공동 사장

　에이드 기업은 주식을 발행해서 이제 에이드 주식회사가 되었어요. 주식회사의 주인은 주주들이에요. 주주가 자

신의 돈으로 회사 자본의 일부분을 샀기 때문이지요.

주주는 일 년에 한 차례 모여 함께 회사 일을 결정할 수 있어요. 예를 들어 에이드를 팔아 번 돈을 다 함께 나눠 가질지 아니면 새 가게에 투자할지를 정하지요.

기업에서 이익을 나눠 주주에게 지급하는 돈을 '배당금'이라고 해요. 제니와 태오는 이제 에이드 주식회사와 관련된 일을 주주들과 함께 결정하고 배당금도 나눌 거예요.

3. 주식은 어디서 사나요?

    과일이나 채소처럼 주식도 시장에서 살 수 있어요. 주식을 내놓은 사람과 사려는 사람이 있어야 하고 또 내놓은 사람과 사려는 사람이 주식의 가치가 얼마인지 뜻이 맞아야 하지요. 마치 게임 카드를 맞바꿀 때와 비슷해요.

    주식을 사고파는 시장을 증권 거래소라고 해요. 오래전에는 널찍한 곳에 수백 명의 사람이 직접 모여 서로 고함을 지르며 주식을 거래했어요.

"주식 투자를 환영해요!"

　증권 거래소에서 각자 원하는 것을 얻으려면 분명한 규칙과 약속을 정해야 했어요. 주식을 사고 싶은 사람은 자신의 손등을 보이며 '100에 매수'라고 외쳤어요. 그 말은 '당신 주식을 100만 원에 사고 싶다'라는 뜻이에요. 반대로 주식을 팔려는 사람은 손바닥을 보이며 '100에 매도'라고 외쳤지요.

　오늘날 이런 직접적인 거래는 찾아보기 힘들어요. 요즘에는 주식을 인터넷에서 사고팔아요. 펀드 매니저는 주식을 대신 사고팔아 수익을 내 주는 사람을 말해요. 그 원리는 다음과 같아요.

　한 어린이가 문방구에 전화를 걸어 '게임 카드 10장을 10만 원에 팔고 싶어요.'라고 말해요. 문방구 주인은 이런 제안을 쪽지에 적어 둬요. 잠시 뒤 다른 어린이가 전화로 게임 카드 10장을 10만 원에 사고 싶다고 알려요. 그럼 문방구 주인은 한 어린이한테는 카드를, 다른 어린이한테는 돈을 받아서 각각 두 아이한테 보내지요. 문방구 주인은 수고한 대가로 아이들한테 5백 원씩을 받아요.

4. 어린이도 주식을 살 수 있나요?

어린이도 엄마 아빠와 함께 '어린이 증권 계좌'를 만들 수 있어요. 증권 계좌는 주식을 사고팔 수 있는 계좌로 인터넷을 이용해 컴퓨터나 휴대 전화에서도 열어 볼 수 있답니다. 어린이 증권 계좌가 있다면 진짜 주식을 사고팔 수 있어요.

어떤 기업에 투자할지는 스스로 결정해요. 인터넷이나 경제 신문을 보며 여러 기업에 대해 조사해 보는 방법도 좋아요. 그러면서 질문을 던져 보세요.

기업이 잘 운영되어 안정적으로 이익을 내고 있을까?
이 기업이 만든 제품은 앞으로도 인기가 많을까?
이 제품을 만드는 기업은 이곳뿐일까?
이 기업의 제품은 친환경적일까?
이 기업이 어떻게 돈을 벌고 있는지 내가 잘 이해하고 있을까?

사람들에게 꾸준히 잘 팔리는 인기 좋은 물건들이 있어요. 신발이나 장난감, 샴푸에도 그런 제품이 있지요. 이 같은 물건들은 흔히 주식회사에서 만들어요.

예를 들어 장난감!

기업 이름 앞에 (주)라는 표시가 있으면 주식회사를 가리켜요. 이런 기업의 주식은 증권 거래소에서 살 수 있어요.

그런데 어떤 기업이 이 제품을 만들었는지 얼른 확인하기가 힘들 때도 많아요. 그때는 기업 주소 같은 정보가 적혀 있는 '제품 정보'를 살펴보세요. 제품 정보는 보통 상품의 포장 상자에 표시되어 있어요.

나 자신에게 투자하는 것도 생각해 보면 어떨까요? 책도 많이 읽고 학교에도 잘 다니고 취미 생활도 열심히 해 보세요. 미래를 위한 가장 안전한 최고의 투자랍니다.

5. 슬기롭게 돈을 투자하는 방법은 멀까요?

주식 가격은 늘 오르락내리락하지요. 1만 원에 샀던 주식이 반년 뒤면 값이 치솟거나 뚝 떨어지는 일도 흔하답니다. 앞으로 주식 가격이 오를지 내릴지는 기업이 어떻게 운영되는지에 달려 있어요.

그래서 어떤 기업의 주식에 투자할지는 아주 어려운 문제랍니다. 오래오래 장기간 투자해야 하는 기업이 있는가 하면, 주식을 사자마자 큰돈을 벌거나 반대로 큰돈을 잃을 수 있는 기업도 있지요.

가장 슬기로운 투자 방법은 무엇일까요? 바로 '오래 투자하기'랍니다. 이 말은 성장할 만한 기업의 주식을 사서 오랫동안 가지고 있으라는 거예요.

회사가 목표를 이루지 못하거나 갈수록 이익이 줄어들 때 비로소 팔아야 한다는 말이지요.

한 기업의 주식만 사 놓으면 위험 부담이 커요. 이 기업이 어려워지면 주식도 함께 가치를 잃으니까요.

그보다는 여러 기업의 주식을 나누어 투자하는 게 좋아요. 한 기업의 사정이 나빠져도 그 기업의 주식만 영향을 받으므로 위험 부담이 적지요.

그런데 주식에 투자할 기업을 반드시 하나하나 골라야만 하는 건 아니에요. 여러 회사의 주식을 조금씩 묶어 놓은 상품도 있답니다. 이 같은 주식 묶음을 '펀드'라고 하지요.

성장할 만한 기업인지 잘 살펴봐!

1. 돈이 다 떨어지면 어떻게 될까요?

　버는 것보다 돈을 더 쓰거나 돈을 잃으면 언젠가는 빈털터리가 되지요. 드물지만 하루아침에 빈털터리가 되기도 해요. 그럼 어떤 일이 벌어질까요?

　돈이 다시 생길 때까지는 새로운 물건을 살 수가 없어요. 그렇게 되면 가족을 책임져야 하는 엄마 아빠는 더욱 힘들어져요. 돈이 모자라면 좀 더 아끼며 생활할 수밖에 없어요. 필요한 것을 직접 만들거나, 고쳐 쓰거나, 남들과 물물 교환을 하거나 중고 제품을 사서 생활해야 해요.

　모아 둔 돈이 한 푼도 남아 있지 않고 갚아야 할 빚만 남는 상황이 생길 수도 있어요. 이때 빚 갚을 능력이 없으면 파산 상태에 빠져요.

이렇게 되면 어른들은 '개인 파산'을 신청하지요. 그럼 개인이 진 빚은 모두 없어져요. 다시 말해 돈을 빌려준 사람은 당장 한 푼도 못 받거나 아주 조금만 돌려받을 수 있어요. 돈을 빌린 사람이 남은 게 하나도 없기 때문이에요.

그렇지만 말처럼 간단하지만은 않아요. 개인 파산을 신청하려면 까다로운 조건이 따르거든요.

먼저 살아가는 데 꼭 필요한 물건을 빼고는 모두 팔아야 해요. 이 밖에도 임금을 받으면 생활에 필요한 비용을 뺀 나머지는 모두 압류를 당하지요. 압류란 특정 재산에 대한 소유권이 강제로 국가나 법원으로 넘어가는 것을 말해요. 압류당한 돈은 빌려준 사람에게 돌아가지요.

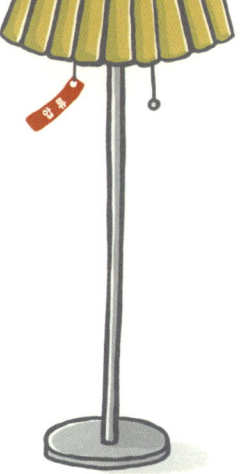

2. 기업에 돈이 없으면 어떻게 될까요?

기업도 빈털터리가 될 수 있어요. 그렇게 되면 기업도 '파산'을 신청해요. 그런 다음 이른바 '파산 관재인'을 뽑아요.

파산 관재인은 파산 기업에 소속되어 있지 않으면서 파산 기업의 재산을 관리하는 전문가를 말하지요. 모든 자재와 기계, 제품이 아직은 기업의 것이지만 앞으로는 파산 관재인이 그것들을 어떻게 처리할지 결정해요.

파산 관재인의 목표는 기업에 돈을 빌려준 사람들에게 돈을 갚는 거예요. 이 사람들을 '채권자'라고 부르지요. 파산 관재인은 어떻게 하면 이 기업에서 최대한 많은 돈을 남길 수 있을지 결정을 내려요. 예를 들어 대량 주문을 받거나 쓸모없는 기계를 팔도록 정할 수 있지요.

파산한 기업은 직원들에게도 빚을 지지요. 임금을 주지 못하기 때문이에요.

파산 관재인

　파산한 기업의 직원은 타의로 직장을 잃었기 때문에 일정 기간 나라에서 돈(실업 급여)을 지원받아요.

　이런 기업 앞에는 두 가지 길이 놓여 있어요. 문을 닫거나 아니면 구조 조정을 하는 방법이지요. 기업이 문을 닫으면 직원들은 모두 일자리를 잃어요. 그래서 기업은 마지막 수단으로 구조 조정을 하려고 노력하지요. 구조 조정이란 수리해서 복구한다는 뜻과 비슷해요. 구조 조정은 오래 걸릴 뿐만 아니라 구조 조정이 성공할지는 아무도 미리 알 수 없답니다.

직원들

3. 파산을 막으려면 어떻게 할까요?

　기업의 파산을 막는 방법도 있답니다. 이를 위해 '화의'라는 제도가 마련되어 있어요. 빚을 갚을 능력이 없는 회사(채무자)가 돈을 빌려준 모든 상대방(채권자)과 채무를 정리하기 위해 맺는 계약을 말해요.

　예를 들어 돈을 우선 일부만 갚거나 아니면 나중에 한꺼번에 갚을 것인지를 함께 논의하고 결정해요.

　그러려면 채권자 모두가 찬성해야 해요. 한 사람만 반대해도 '화의'는 이루어지지 않아요. 의견이 맞서며 채권자 한 사람만 거부해도 물거품이 되지요.

　'화의'가 결렬되면 정식으로 파산 절차가 시작돼요. 이제부터는 법원에서 파산 심사에 들어가요.

　파산을 막기 위해 모두가 재판부와 함께 타협안을 찾으려고 애쓰지요. 파산을 막는 또 다른 길은 빚을 대신 갚아 줄 사람을 찾는 거예요. 하지만 이렇게 생긴 새로운 빚마저 갚지 못할지도 모르기 때문에 새로운 채권자는 기업이 충분히 이익을 내고 지출을 줄일 수 있는지를 꼼꼼히 따져봐야 해요.

　회사 직원들에게는 이때가 아주 힘든 시간이에요. 언제 일자리를 잃을지 모르기 때문이지요. 때로는 임금을 못 받기도 하고 일하는 시간이 줄어들기도 해서 그만큼 버는 돈도 줄어들어요. 하지만 회사를 믿는 직원들은 모두가 힘을 모아 열심히 일해 파산을 막기도 해요.

4. 국가가 빚을 못 갚으면 어떻게 될까요?

한 나라가 빈털터리가 되면 세계 은행에서 채무 지급 불능 국가라고 선언해요. 그러면 그 나라는 파산 상태에 빠지지요. 국가가 파산한 유명한 사례가 1923년 독일에서 일어났어요. 1차 세계 대전의 결과였지요. 독일 정부는 다른 나라에 빚을 갚으려고 돈을 마구마구 찍어 댔어요. 하지만 잘못된 선택이었어요. 돈이 많아질수록 돈의 가치는 떨어지기 때문이에요.

1923년 5월, 독일에서 빵 하나의 값은 474마르크(당시 독일의 화폐 단위) 정도였어요. 두 달이 지나자 2200마르크로 뛰어올랐고 가을에는 1400만 마르크까지 치솟았어요. 이것만 해도 상상을 뛰어넘는 가격이지요. 그런데 거기서 그치지 않았어요. 11월에는 빵 하나가 자그마치 56억 마르크가 되었답니다. 사람들은 그 많은 돈을 손수레에 담아 빵집까지 끌고 가 빵 하나를 샀어요.

이제는 유럽의 여러 나라가 하나로 뭉쳐 '유럽 연합(EU)'을 이루었어요. 하나로 통합하면 좋은 점이 많아요. 2010년 그리스처럼 한 나라가 채무 지급 불능 상태에 빠지면 다른 회원국들이 돈을 모아 도와줄 수 있어요. 그래서 그리스에 대해서는 '파산'이라 하지 않고 '금융 위기'라고 하지요.

유럽 연합에 속한 27개 나라에서는 물건값을 치를 때 통일된 유로화를 쓰고 있어요. 또 지금은 각 나라가 훨씬 더 철저하게 계획을 세워 나라 살림을 꾸려 가고 있어요. 1923년 독일에서 일어난 일이 되풀이 될 위험은 거의 사라졌답니다.

잠깐 빵집에 다녀올게!

5. 돈 때문에 감옥에 갈 수도 있나요?

돈을 둘러싸고 많은 범죄가 일어나고 있어요.

지폐 위조 : 오늘날 지폐는 위조될 위험에서 아주 안전해졌어요. 지폐 안에 내재된 위조 방지 장치들 덕분이랍니다. 지폐를 빛에 비추어 보면 원래 보이던 무늬가 사라지고 새로운 무늬가 나타날 거예요. 지폐를 왼쪽이나 오른쪽으로 기울이면 또 다른 무늬가 보이지요. 그런데도 많은 사람이 돈을 위조하려고 애써요.

지폐 위조는 절대 금지된 일이고 무거운 처벌을 받는답니다.

위조 지폐 사용 : 가짜 돈을 만드는 일만 금지된 건 아니에요. 그 돈을 퍼뜨려서도 안 돼요. 위조 지폐인 줄 알면서 사용하는 사람도 처벌을 받아요.

돈 세탁 : 이 말은 돈을 세탁기에 넣는다는 말이 아니에요. 그렇지만 원리는 비슷하답니다.

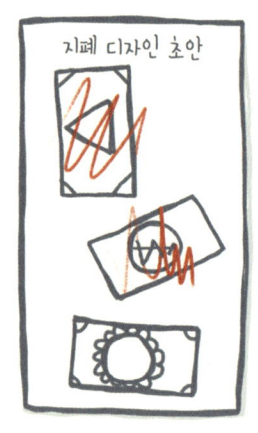

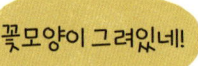

꽃모양이 그려있네!

　남에게 빼앗거나 속여서 불법적으로 손에 쥔 돈을 이리저리 옮겨서 문제 없는 것처럼 깨끗한 돈으로 만든다는 뜻이지요. 돈이 어디서 왔는지 아무도 모를 때까지 말이에요.

　탈세 : 나라에서 국민에게 거두는 세금은 종류가 아주 다양해요. 나라에서는 국민 한 사람 한 사람이 자신의 수입과 지출을 솔직하게 밝히고 알맞은 세금을 내기를 바라지요. 세금을 적게 내려고 거짓말하는 사람은 처벌받아요. 공동의 이익은 관심에 두지 않고 자기 이익만 챙기기 때문이에요.

　이처럼 돈을 둘러싼 범죄 행위는 여러 가지가 있지요. 내가 가진 돈에 대해 잘 알고 돈을 어떻게 써야 하는지 배우는 일은 중요해요. 돈을 바르게 쓰는 것에는 세금을 내고 기부를 함으로써 공동의 이익을 실현하는 일도 포함되지요.

가짜 돈을 만들어서 부자가 되고 싶었어.

6. 이 세상에는 돈이 얼마나 많을까요?

우리나라 1~5위 부자들의 재산을 모두 합하면 50조가 넘는다고 해요. 그런데 이 액수는 우리나라에 돌아다니는 돈의 아주 작은 일부에 지나지 않아요. 우리나라 총 재산은 통틀어 1경 3천조 원이 넘으니까요. 이것만 해도 엄청나지요? 그런데 지구 전체에는 훨씬 더 많은 돈이 돌아다니고 있어요.

지구상에 있는 지폐와 동전을 모두 합하면 셀 수 없을 만큼 많아요. 이것이 전 세계에 있는 돈의 전부라고 생각하는 사람도 있을 거예요. 그러나 은행에는 지폐나 동전 형태의 돈만 있는 게 아니에요. 통장 속 숫자로만 표시되기도 하니까요. 그래서 전 세계 돈의 양은 전 세계에 있는 지폐와 동전보다도 훨씬 더 많답니다.

은행에 있는 돈에 전 세계 모든 주식의 가치와 전 세계의 빚까지 더하면 어머어마하지요. 잠깐만, 어째서 여기에 빚이 포함될까요?

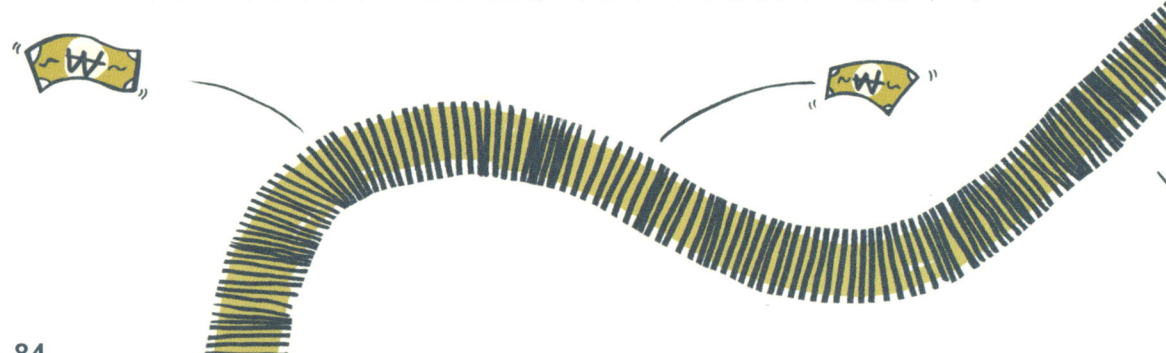

아이스크림을 사 먹으려고 여러분이 5백 원을 빌렸다고 상상해 보세요. 여러분은 아이스크림을 사기 위해 빌린 5백 원을 낼 거예요. 그럼 아이스크림 가게 주인은 5백 원의 돈을 갖게 되지요.

아울러 여러분은 빌린 5백 원을 갚아야 해요. 이렇게 빚도 언젠가 현금화되기 때문에 전 세계의 돈에 포함시켜야 한답니다.

이 세상에 있는 돈을 5만 원짜리 지폐로 탑처럼 차곡차곡 쌓는다면 그 끝이 어디까지 닿을까요? 아마 상상을 뛰어넘는 어마어마한 거리일 거예요.

7. 돈은 공평하지 않아요

돈은 사람들에게 똑같이 나눠져 있지 않아요. 누구는 돈이 아주 많고, 누구는 돈이 별로 없지요.

누구는 굉장히 돈을 잘 버는 직업을 가졌고, 누구는 재산과 집, 회사까지 물려받는 행운을 누리고, 또 운 좋게 복권에 당첨되는 사람도 있지요. 그런데 가진 재산을 그대로 유지하거나 더 불리는 것은 행운이나 불행과는 별 상관이 없어요.

대부분의 평범한 사람은 물려받는 재산도 별로 없는 데다 돈도 많이 벌지 못해요. 우리 모두에게 꼭 필요한 일인데도 보수를 충분히 받지 못하기 때문이에요.

또 다른 이유로 돈을 많이 벌지 못하는 사람들이 있어요. 아이를 보살펴야 하거나 나이 많고 아픈 가족을 돌봐야 하는 특별한 사정이

택시 운전사

있는 사람들이죠. 이 세상에 돈이 아주아주 많은데도 돈이 부족한 사람이 아주 많다는 사실은 놀랍기만 하지요.

나라에서는 세금을 거둬 이런 사람들에게 돈을 지원해 줘요. 누구나 물건을 살 때마다 물건값에 포함된 세금을 내고, 어른들은 임금을 받으면 임금의 일부를 세금으로 내지요. 세금은 나라에서 도움이 필요한 사람들을 돕는 수단이에요.

엄마 아빠는 아이가 태어나면 육아 휴직을 신청해 집에서 아기와 지낼 수 있어요. 이 기간에는 회사에 가지 않아요. 임금 일부를 계속 받을 수 있도록 나라에서 육아 휴직 급여를 지급하지요. 육아 휴직은 아주 좋은 제도예요. 이 제도가 없다면 엄마 아빠는 돈을 벌어야 해서 아이를 제대로 돌보지 못할 거예요.

장애가 있어 돈을 벌지 못하는 사람에게도 나라에서 사회 보조금을 지급하지요. 비록 많지는 않지만 생활하는 데 필요한 정도의 돈이랍니다.

축구 선수는 택시 운전사보다 80배는 더 많이 벌지!

진짜?

프로 축구 선수
(분데스리가 1부 리그)

똑똑한 정보

슬기롭게 돈을 쓰는 방법

조금씩 포장된 제품보다는 비싸지만 많은 양을 포장한 제품이 실제로는 단가가 더 싸요. 여럿이서 함께 돈을 낸다면 대용량 제품을 구입하기가 부담스럽지 않을 거예요. 그럼 모두가 더 싸게 많은 양을 나눠 가질 수 있어요.

혼자라도 많은 양이 들어 있는 제품을 사고 싶다면 용돈을 차곡차곡 모아 보세요. 그렇게 불어난 돈으로 제품을 사서 친구에게 선물해도 좋을 거예요. 친구들과 함께 구매를 해서 배송비를 아끼는 방법도 있답니다.

돈이 생기면 물건을 사거나 저축만 할 수 있는 건 아니에요. 돈이 없거나 부족한 사람들에게 돈을 나눠 줄 수도 있답니다. 거리의 음악가나 갈 곳이 없는 노숙인에게 여러분이 적은 돈이라도 건넨다면 큰 도움이 될지 몰라요.

친구가 돈이 없을 때 아이스크림을 사서 나눠 먹어도 좋아요. 아니면 내가 산 것을 필요한 사람들과 나눠 갖는 것은 어떨까요? 여러 사람이 이렇게 나눔을 실천한다면 많은 사람들에게 따뜻한 도움을 줄 수 있을 거예요.

또 소비를 줄여 쓰레기도 줄어들고요.

　잘 모르는 사람들에게도 돈을 줄 수 있어요. 어려운 사람들을 돌보는 일을 하는 협회나 단체에 돈을 낼 때가 그렇지요. 이런 일을 '기부'라고 해요.

　여러분도 기부하고 싶나요? 그럼 먼저 어떤 분야에 관심이 많고, 어떤 일에 힘을 보태고 싶은지 잘 생각해 보세요.

　여러분이 운동을 좋아한다면 여러분이 가입한 스포츠 클럽에 후원할 수 있을지도 몰라요. 또 여러분은 동물을 사랑하기에 동물 보호 협회에 기부하고 싶을지도 모르지요.

　이 밖에도 할 수 있는 일은 얼마든지 많아요. 이 지구의 가난한 나라에서 태어난 어려운 해외 어린이들을 위해 기부할 수도 있어

난 늘 배고파!

요. 유니세프, 굿네이버스 등의 단체가 기부를 받아 세계 어린이들을 돕는 활동을 하고 있어요.

   돈을 많이 벌지 못한다면 큰돈을 기부하기 힘들겠지요. 그렇지만 여러분은 여럿이 힘을 합쳐 '기부 달리기 대회' 같은 행사도 열 수도 있어요. 한번 달릴 때마다 일정한 돈을 기부해 줄 사람이나 회사를 찾는 거죠. 친척이나 친구도 좋고, 이웃 식당이나 슈퍼마켓도 좋아요. 이런 일은 아주 재미있을 뿐만 아니라 어쩌면 큰 액수의돈을 모아 기부할 수 있을 거예요. 좋은 아이디어를 떠올려 보세요.

돈이 없어도 좋은 일을 할 수 있다니!

당신은 달리기로 10,000원을 모았습니다.

　내가 후원한 돈으로 많은 사람들이 식사하도록 하고 싶나요? 그렇다면 단체에 기부하는 것이 가장 좋아요. 어려운 사람들에게 음식을 지원하는 단체들이 있답니다. 이른바 '푸드 뱅크'라고 불리는 그 단체들은 여러 도시에서 볼 수 있지요. 아무도 기부하지 않는다면 이런 단체들은 나눠 줄 음식을 살 돈이 줄어들 거예요. 여러분도 얼마든지 도움을 줄 수 있답니다.

　이 밖에 바다에 쌓인 플라스틱 쓰레기를 치우거나 다친 동물을 구조하는 단체들도 있어요. 또 주민들이 뭉쳐서 마을에 놀이터를 만들거나 공원을 세우는 단체도 있지요.

　도움이 필요한 나라의 어린이를 후원하기 위해 인연을 맺는 '결연'이라는 것도 있어요. 적은 돈이라도 꾸준히 기부함으로써 여러분도 결연을 맺을 수 있답니다. 그러면 여러분은 어려운 형편의 어린이를 후원하게 되지요. 또 그 어린이와 편지나 이메일을 주고받으며 친구가 될 수도 있어요.

　이처럼 돈으로 좋은 일을 하고 도움을 줄 수 있는 길은 아주아주 많답니다. 남을 도우려고 자기 시간을 바치고, 돈을 기부하는 사람들은 주위에 생각보다 많아요. 정말 놀랍지 않나요?

　여러분은 돈으로 무엇을 하고 싶나요? 다른 사람을 돕기 위한 어떤 좋은 생각이 떠오르나요?

좋은 아이디어가 정말 많아!